陕西出版资金资助项目

中国现代出版家论著丛书

主编

郝振省

中国小说史大纲

张静庐 著

西北大学出版社

作者简介

张静庐，中国出版家，民盟盟员。1898年4月7日生于浙江镇海县。1969年9月在上海去世。

1911年在龙山演进国民学校毕业后，当学徒。1915年任天津《公民日报》副刊编辑。1920年任上海泰东图书局编辑、出版部主任。1924年与人合资创办光华书局，任经理。1929年创建上海联合书店，任经理。1931年与洪雪帆合办现代书局，任经理。1934年创建上海杂志公司，任总经理。任内经营出版不少进步期刊，这些期刊在当时产生了积极影响。1949年在上海任联营书店总经理。

中华人民共和国成立后，他先后任中央人民政府出版总署计划处处长，古籍出版社编审，中华书局近代史编辑组组长。

主要著述有《中国的新闻记者与新闻纸》《革命外史》《在出版界二十年》，编有《中国近代出版史料》初编、二编，《中国现代出版史料》甲、乙、丙、丁编，《中国出版史料补编》等。

编辑说明

　　张静庐是我国民国出版家、小说史家。《中国小说史大纲》是他20多岁时写的一本旨在"抛砖引玉"的通俗本，目的是为了研讨小说渊源、发展与演变，以推动小说更好的进步。本书是据上海泰东图书局1921年再版本。

　　书稿内容从小说的定义，其与笔记杂录、公案小说、神怪小说、章回小说、传奇杂剧、弹词等的相互关系等分化衍生到不断发展、成熟方面，予以说明。

　　这次整理重版，改原版竖排繁体字为横排简体字，改正了异体字、俗体字及原作中的错字等，尤其是核改了"第十 传奇与弹词略言"中人名及作品名很多的错误，依现今规范添加了相关的书名号等，以方便今天读者的阅读。

总 序

　　"中国现代出版家论著丛书"，选集张元济等中国现代出版拓荒者14人之代表性作品19部，展示他们为中国现代出版奠基所作出的拓荒性成就和贡献。这套书由策划到编辑出版已有近六个年头了，遴选搜寻作品颇费周折，繁简转化及符合现今阅读习惯之编辑加工亦费时较多。经过多方努力，现在终于要问世了，作为该书的主编，我确实有责任用心地写几句话，对作者、编者和读者有个交代。尽管自己在这个领域里并不是特别有话语权。

　　首先想要交代的是这套选集编辑出版的背景是什么，必要性在哪里？很可能不少读者朋友，看到这些论著者的名字：张元济、王云五、陆费逵、钱君匋、邹韬奋、叶圣陶等会产生一种错觉：是不是又在"炒冷饭"，又在"朝三暮四"或者"朝四暮三"？如此而然，对作者则是一种失敬，对读者则完全是一种损失，就会让笔者为编者感到羞愧。而事情恰恰相反，西北大学出版社的同仁们用心是良苦的，选编的角度是精准的，是很注意"供给侧改革"的。就实际生活而言，对待任何事物，怕的就是"一叶障目，不见泰山"，怕的就是浮光掠影，道听途说；怕的就是想当然，而不尽然。对待出版物亦是这样，更是这样。确实不少整理性出版物、资料性出版物，属于少投入、多产出的克隆性出版；属于既保险、又赚线的懒人哲学？而这套论著确有它独到的价值。论著者不是那种"两耳不闻窗外事，闭门只读圣贤书"的出版家，而是关注中华民族命运，焦急民族发展困境的一批进步知识分子。他们面对着国家的积贫积弱，民众的一盘散沙，生活的饥寒交迫，列强的大举入侵，和"道德人心"的传统文化与知识体系不能拯救中国的危局，在西学东渐，重塑知识体系的过程中，固守着民族优秀文化的品格，秉承"为国难而牺牲，为文化而奋斗"的使命，整理国故，传承经典，评介新知，昌明教育，开启民智，发表了一系列的论著，为我们国家和民族的现代出版文化事业进行了拓荒性奠基。如果再往历史的深层追溯，不难看出，他们身上所体现的代表中国传统知识分子心胸与志向的使命追求，正如北宋思想家张载所倡言的："为天地立心，为生民立命，为往圣继绝学，为万世开太平"。我们为中华民族这些前仆后继、生生不息的思想家们肃然起敬。以张元济等为代表的民国进步出版家们，作为现代出版文化的拓荒奠基者，其实就是一批忧国忧民的思想大家、文化大家。挖掘、整理、选萃他们的出版文化思想，其实就是我们今天继承和弘扬优秀传统文化的必然之举，也是为新时代实现古今会通、中西结合的创造性转化与创新性发展提供借鉴的必须之举。

不仅如此，这套论著丛书的出版价值还在于作者是民国时期我们这个国家和民族最有代表性的一个文化群体，一批立足于出版的文化大家和思想大家；14位民国出版家的19部作品中，有相当部分未曾出版，具有重要的填补史料空白的性质，对于这个领域的研究者、耕耘者都是一笔十分重要的文化财富之集聚。通过对拓荒和奠基了中国现代出版事业的这些出版家部分重要作品的刊布，让我们了解这些出版家所特有的文化理念、文化视野、人文情怀，反思现在出版人对经济效益的过度追求，而忘记出版人的文化使命与精神追求等等现象。

之所以愿意出任该套论著丛书的主编还有一层考虑在里面。这些现代出版事业拓荒奠基的出版家们，其实也是一批彪炳于史册的编辑名家与编辑大家。他们几乎都有编辑方面的极深造诣与杰出成就。作为中国编辑学会的会长，也特别想从中寻觅和探究一位伟大的编辑家，他的作派应该是怎样的一种风格。张元济先生的《校史随笔》其实就是他编辑史学图书的原态轨迹；王云五的《新目录学的一角落》其实就是编辑工作的一方面集大成之结果；邹韬奋的《经历》中，就包含着他从事编辑工作的心血智慧；张静庐的《在出版界二十年》也不乏他的编辑职业之体验；陆费逵的《教育文存》、章锡琛的《<文史通义>选注》、周振甫的《诗词例话》等都有着他们作为一代编辑家的风采与灼见；赵家璧的三部论著中有两部干脆就是讲编辑故事的，一部是《编辑忆旧》，一部是《编辑生涯忆鲁迅》，其实鲁迅也是一位伟大的编辑家。只要你能认真地读进去，你就会发现一位职业编辑做到极致就会成为一位学者或名家，进而成为大思想家、大文化家，编辑最有条件成为思想家、文化家。"近水楼台先得月，就看识月不识月"。我们的编辑同仁难道不应该从中得到启发吗？难道我们不应该为自己编辑职业的神圣性而感到由衷的自豪与骄傲吗？

这套丛书真正读进去的话，容易使人联想到正是这一批民国时期我国现代出版事业的拓荒者和奠基者，现代出版文化的开创者与建树者，为西学东渐，为文明传承，作出了巨大的历史性贡献。他们昌明教育、开启民智的出版努力，他们所举办的现代书、报、刊社及其载体实际上成为马克思主义向中国传输的重要通道，成为中西文化发展交融的重要枢纽，成为当时的中国先进知识分子寻求和探究救国、救民真理的重要精神园地。甚至现代出版事业的快速发展与现代出版文化的初步形成，乃是中国共产党成立、诞生的重要思想文化渊源。一些早期共产党人就是在他们旗下的出版企业担任编辑出版工作的，有的还是他们所在出版单位的作者或签约作者。更多的早期共产党人正是受到他们的感染和影响，出书、办报、办刊而走上职业革命道路的。从这个意义上讲，我们对民国出版家及其拓荒性论著的价值的重视还很不够。而这套论著丛书恰恰可以对这个问题有所补救，我们为什么不认真一读呢？

是为序。

郝振省

2018.3.20

序 一

王无为

余读《中国小说史大纲》既竟，为之序曰：古者，谓文载道，必有经世之务，始著为文，用昭来祀。故《书》之典谟，唯纪美政，而土风人情不与焉。《禹贡》言大时，土宜，兼及地理，视典谟稍进矣；顾事止考绩，特一纪功碑耳；与土风人情，仍无与也。《书》之后有《礼》，于帝王之起居饮食，不可谓略，即庶民之事，亦多载述，然等于近世会场之秩序单，所以贡献于社会者绝仅，非所语于社会文学也。《诗》记土风人情，"可以兴，可以观，可以群，可以怨"；其为社会文学固无疑；然当时谤上有刑，干政者殆，所能视于人者，陈义晦而不彰，其真美之性，亦稍隐遁，谓其诚有社会文学之真值，尚未可必也。《诗》亡而《春秋》作，开我国历史之先河，孟氏谓"孔子作《春秋》，而乱臣贼子惧"，言其效之著也；然近于朝报，亦非社会文学。《三传》继起，为《春秋》阐义例，明得失，辨是非，所贡献于社会者，固不鲜；第亦嫌其专备贵族社会之观摩，不足供普通社会之考镜；有社会文学之体，无社会文学之用，仍不足语乎社会文学。至于《易》，则为卜人之所须，妄解

"宇宙之谜"，利止于妄人，识者所不取；以言社会文学，更非所宜；尤非吾人之所谓社会文学也。周之既衰，诸子竞以所学鸣，孟轲承孔丘之后，为仁义孝悌之说，纵横放肆，无所不容，庶几足称社会文学矣；唯墨守一家之言，不求究极之理，其失也蔽。庄周接老聃之武，宗虚无自然之论，荡荡巍巍，人无能名，实近古浪漫主义之前驱。我国之有社会文学，盖自此始。惜当时尊王说张，庄氏之学被摈，《南华经》仅能收解颐抚掌之效，社会所感之影响，亦殊无多。下逮汉世，有司马迁出，以写实之笔，著为《史记》，达幽曲，彰杳冥，穷鬼神之踪，抍造化之臂，上溯治平之往迹，下及里巷之愁苦，事无巨细，靡不网罗；始具社会文学之规模，而收社会文学之实效。吾人观唐人只为小说，皆胎息于史记，从知其源远流长也。

宋元以降，小说道兴，长篇巨制，霞蔚云蒸，用口语者，尤能曲状里闬疾苦，男女缠绵：其帘珠茵锦纪富室之纷华，瓮牖绳枢，诉贫家之烦恼；尚为余事。往者吾国识文字之人千不得一，自有小说，始渐普及；此无他：小说为社会文学，甚切近于人情，故能家弦户诵，收浸润人心之效耳。唯是小说既盛，源流自分，或师孔孟之训仁义，或蹱老庄之唱虚无；亦有孤芳自赏，承袭骚楚之遗音，抱璞有怀，晋接屈宋之逸响者；类皆欲成一家言，以似人为奇耻；而是非之争生矣。

晚近以来，门户之见虽深，而异异轨归，无不以社会文学为极则；吾人于《水浒传》《红楼梦》《儒林外史》之斯三者，可以知其有然也。迄于逊清末叶，林纾以瑰环之姿，用文言译《茶花女遗事》一书，是为西方小说化输入吾国之始，亦启长篇小说用文言之端；于是小说界之趋势，为之一变；曩之以普通社会文学为极峰者，遂复以特殊社会文学为盛轨。同时苏曼殊以非佛非仙之闲人，寄其灵感于小说之中，所为《碎簪记》《焚剑记》诸篇，皆与《茶花女遗事》相仿佛；野芳有情，润泉可啜，殆不足状其清隽；今其人虽逝，而流风未歇，报章杂志，固随在可睹其遗徽。虽不幸而有无赖文人，袭林苏之后，谬为貂续，致社会对于文言小说，失其信仰；然亦唯社会不复信仰文言小说，而白话文学，始获代兴，此日白话文学之得以粗安无恙者，何莫非无赖文人之所赐！则无赖文人之所为，亦等李闯之乱，虽于明室为不忠，而有造于清廷，则固莫之能讳也。以上所述：殊复简陋，然非余之疏于考证；盖余于是书未成以前，许为王靖序《世界文学史》，其有关于文学故实，而足以相发明者，将更留以有待也。

　　静庐兹书，分五编，本编特其总论：以《史记》编年之例，科学分类之术，为吾国小说界探源流，穷变化，扬清浊，析精粗，实开吾国小说史之先河。寻因事属草创，且自审非尽善，不敢轻于刊行；余为之解曰：无伤也；为中国小说史，乃欲中国小说之有史。今所著纵未善，后必有更善于此者出；他日更善于此者出，则夙志已偿，复何有乎毁誉！苟以未善，而毁其成，则为小说史前途斩荆棘者，更将何属？曷以此作小说史之嚆引先声，为后之作者驱除难乎？静庐是余言，因以所著付刊。余夙以小说，为社会文学，其用视学校教科书为广，徒以薰莸无别，致所以教育社会者，反以贻人心世道之忧；深冀静庐严小说善恶之别，择其尤善者，介绍世人，俾知所选择，为社会教育之一助；故序首于何者为社会文学，言之独详。他若编年，分类，溯往古之波澜，辟来今之蹊径，则静庐固虑之至熟，良无待于人言，余亦不再进骈枝之说矣。

序 二

周剑云

　　张君静庐是一个志行纯洁的青年，他自民国八年入京请愿，为了国事，尝过一次牢狱风味。出狱以后，除掉服务社会外，还分出一半精神在著作界尽力。他现在发愿著《中国小说史大纲》了；出版之前，问我要序：我于小说是没有下过十分研究工夫的，但我既是滥竽著作界里的一分子，生平看小说也成了一种嗜好，姑且把我对于小说的感想随便说几句。

　　中国的小说，创始于汉魏六朝，无名氏的《杂事秘辛》，东方朔的《十洲记》，刘歆的《西京杂记》，干宝的《搜神记》，东阳无疑的《齐谐记》，任昉的《述异记》，都是那时候的名著。那时候的作者，喜欢用僻典的字，作起文章来，用的都是简峭高古，辞无虚设，连小说也是如此。这是时代关系，一个时代的作者，可以代表一个时代的文物、制度、民情、风俗，却不料几千年后，生在二十世纪的一班国粹派，中了旧书的毒，变成食古不化，也要上跻汉魏，依附冢中枯骨的末光，动不动自称做的文章"仿佛汉魏时人"；那做小品文字的，一发老老面皮，说是"六朝余韵"，你想可笑不可笑呢？

唐朝本是文事最盛的时代，文章传诵一时，小说也不少，如张说的《虬髯客传》，郭湜的《高力士传》，蒋防的《霍小玉传》，白行简的《三梦记》，于邺的《扬州梦记》，元稹的《会真记》，李公佐的《南柯梦》，柳公权的《小说声闻记》，刘恂的《岭表录异》，崔今钦的《教坊记》，段成式的《酉阳杂俎》，雍陶的《英雄传》，孙颜的《神女传》，阎选的《再生记》，张泌的《尸媚传》，李濬的《松商杂录》，孙棨的《北里志》，陈邵的《通幽记》，马总的《大唐奇事》，郑棨的《开天传信记》，郑处诲的《明皇杂录》，连古文八大家的韩愈、柳宗元，诗家的杜牧、李商隐，也都作小说。这时候的小说，以神怪一类居多，都是笔记体裁，没有什么整部大著。

五代是乱离之世，文事衰敝，冯延巳的《昆仑奴传》，高彦休的《唐阙史》，尉迟偓的《中朝故事》，杜光庭的《神仙感遇传》，王仁裕的《开元天宝遗事》，算是杰作。

宋朝又是文事极盛时代，可以与唐朝并称，如欧阳修的《六一居士传》和《归田录》，苏轼的《东坡酒经》，乐史的《杨太真传》，无名氏的《李师师传》，孙光宪的《北梦琐言》，景焕的《野人闲话》，张休复的《茅亭客话》，吴处厚的《青箱杂记》，张世南的《游宦记闻》，张邦基的《侍儿小名录》，苏辙的《龙川别志》，释惠洪的《冷斋夜话》，陆游的《老学庵笔记》，叶梦得的《石林燕语》，周辉的《清波杂志》，周密的《齐东野语》，无名氏的《三朝野史》，曾造的《高斋漫录》，叶绍翁的《四朝闻见录》，王鞏的《甲申杂记》，尤玘的《万柳溪边旧话》，吴淑的《江淮异人录》，朱异的《曲洧旧闻》，施彦执的《北窗炙輠》，范致明的《岳阳风土记》，洪迈的《夷坚志》等，这时代的小说，虽是文言，却已近于写实一派，不像汉魏的作者，专在字句上用工夫，令人读起来佶屈聱牙了。

金元明清的小说很多，晓得的人也不少，我也不必烦引，张君既然著这一部《中国小说史大纲》，他于小说的分类，小说的源流，小说的沿革和小说家的派别，一定有很精密的研究，很详细的考证，我且说小说是什么东西？

小说是什么东西，前人说建稗官野史；我说是"别于正史的书籍，是平民的喉舌"；也可以说是一个时代的政治、礼教、风俗、民情的代表。大凡一个时代的盛衰，可以在那时代的小说看出来，而正史反不可信，因为古代是专制政体，史官修史，每多忌讳，只摘那好事小说，坏事都一笔勾销，既没有报纸宣达舆情，真正民意只能从小说里表出来，所以小说不仅是消遣品，作小说不是容易的事。要在古代求小说，我以前所引的，都是些短篇笔记，也有可信的，也有不可信的；我以为只有司马迁的一部《史记》，是一部整本大部的好小说，太史公可算得小说的始祖。

小说既是平民的喉舌，又是一个时代的风俗、民情的代表，那么做小说的人，当然最好写实，不贵雕斫，就是人类诸般色相，善恶不等，有时不能不形容几句，得求合那一个人的身份，决不是掉文用典所能尽小说的能事的，由此看来，不做小说便罢，要做小说，非白话不可；遇到人物众多，事情复杂，更非用章回白话不可。因为不如此，就没有趣味，关于这一点我在李涵秋序《战地莺花录》，有一段论及，现在把它录在下面：

白话小说之难，一在定名，须不空泛，不晦

涩，有笼罩全局之力，无人尽可用之病；二在回
目，须生动而不呆滞，集成语为联，巧合天然，不
露斧凿痕迹；三在切题，须能放能收，不黏不脱，
千言落楮，一语归宗，不可轶出题外。余则有伏笔
也，衬笔也，有明写也，有暗逗也，写景如拔图画
也，写人各有面目也，刻画地方风俗如身历其境
也，形容诸等社会如亲见其人也。呜呼！只凭三寸
管，一锭墨，乃能千态万形，跃然纸上，使人嗅之
而芬，味之而隽，抚之而华；刹那之顷，不自觉其
神经感触，随著者之文善善而恶恶。其学问为何
如？其能力为何如？

在我国数章回白话小说，关于军事的，《三国志》最
好；关于言情的，《红楼梦》最好；关于神怪的，《西游
记》最好；关于社会的，《水浒传》《儒林外史》最好；关于
寓言的，《镜花缘》最好；此外《儿女英雄传》也不坏；弹词
小说《天雨花》也好；近人的小说，像《孽海花》《二十年目
睹之怪现状》《官场现形记》《老残游记》《碎琴楼》《广陵
潮》《古戍寒笳记》都可算一时的名著。林纾在小说界也曾享
过盛名，但他拿桐城派的古文来做小说，我总觉得吃力不讨
好。总之作小说是极难的事，非得才大心细，学问博，见识广
的人，万万不能轻易动笔。像现在那些卖文为活的人，一个
月作一部小说，一年出上十来部小说，不过挂挂小说幌子罢
了，稍为懂得点小说甘苦的人，是不愿意看它的。

我替杨尘因序《儒林新史》有一段论看小说也不容易，也
把它录在下面：

作小说难，作白话小说难，读小说亦不易。不

善读小说，不能知作者之甘苦，即不足以定小说之
价值。何以言之？小说者，文章之体用，以褒贬人
事，宣达抱负者也。白话贵能传神，较诸堆砌字句
者有别；苟非胸罗万卷，熟谙世故人情，其所叙
述，必百无一当。一书出版，使不善读者读之，于
作者用意之深，用笔之严，大率忽略而过，未能领
会其旨趣，有所赞许，皆隔靴搔痒之谈，于是作者
之苦心无由表现矣。

我以为看小说，金圣叹可算第一个细心人，这种人才，固
然不易多得，然而世上粗心的人也太多了。

长小说固然难作，短篇小说也不易为。长篇的秘诀，是
酣畅，曲折；短篇的要旨，是简洁，含蓄。胡适的短篇小说
集，有一篇论的极是，阅者可以参观。

自　序

中国无小说，何以言之？

（一）中国的文学界，不许有小说的立足地；即使许它立足，也只像听差在大人房间里，只能站在屋角里。——姚惜抱的《古文辞类纂》，辨别体裁，立了十三个门类，却没有一类容着小说；曾国藩的《经史百家杂钞》，更分三门，立着十一类，却也没有一类容着小说。史的艺文志和文学史等，记述小说，只有数语，并不能像同样美文诗词歌赋——记述得详细。

（二）中国没有作小说的人，只是"出其余绪，从事稗乘"——因为作小说的人，自己也认其为一件没有价值的事情。

（三）中国没有读小说的人、读小说的时间，总在"茶余酒后"或"夜阑人静"，只认小说是一件"怡情悦性"的消闲品。

中国无研究小说的人，何以言之？中国关于考据或评论小说的专书有几种，我现在将它拿来说一说：《小说丛考》与《小说考证》，只考查一书所记的事实，以证明其来历；所考的书，又只据各家笔记，实不可凭；像《开辟演义》《封神传》，它也说它有来历，抄《小净梅馆闲话》等书来证明，不是太荒谬了么？《古今小说评林》，说来说去，只说一部《红楼梦》，一部《水浒》，一部《三国演义》，宝啊！玉啊！满纸乱叫，似乎恐怕别个看小说的人要说这三部书不好，所以特产生这三四位小说大家来做保镖；不信，试看里边有一位作评的先生，他还特别演一部文言的《红楼梦》，来做《红楼梦》的副本，这不是保镖么？小说话简直是像小孩子初上学校读书，识得几个字回来，便高兴异常，"人刀手足"乱嚷小说杂论只当得一个论字。小说讲义，小说作法，是敷衍饾饤成篇。论短篇小说，只及短篇，不及长篇，并且也可有怀疑的地方，他将《木兰歌》，采风篇，拿来当作小说；我以为诗是诗，小说是小说，决不能指鹿为马的；譬如写实体的诗与纪事体的诗，都是写景兼写情的，又同是美文的一种；倘因其有几分像小说体裁，或活像是小说，便不管明明是诗，也竟拉来当小说，那么，小说与写实体纪事体的诗，还有什么分别呢？

据以上所说，中国既无小说与小说家可言，又无研究小说的人；那么，这作《中国小说史大纲》的人，便算是一个小说家与研究小说的人了么？我应该先声明一句：我非但不是一个小说家，并且也不是一个考据家；那么，我为什么要作这《中国小说史大纲》呢？有二种理由：

（一）我认定这小说，是美文可以陶情悦心；是教育——通俗的教育，可以代演讲；——是写真——能描写平民的疾苦，与贵族生活的豪侈，可以使社会上注意；是现代史——写现社会新人的生活，或近世的旧人的生活，来作新人生活的对照。就以上所指几点而说，小说在文化上已应该占到最重要的地位。吴芳吉说："未来的文学，只有小说与诗两种。"小说过去的成绩既如此；而未来的位置又如彼。中国古来文人对于小说的观念，已根本谬误了。我们既然见到这些，就应该切实提倡！

（二）中国自有小说以来，已近四千年；虽代有进化，朝有变更，然学者既然不当他是一种文学，所以便不十分注重。但是我们打算研究小说的人，是否可以不晓得小说史？是否可以不晓得小说的沿革，和小说之盛衰与世运之关系？是否想作以后的小说运动，可以不将以前过去的成绩与源流，来分个清楚，别个精粗呢？以上的总答语，就是：现世的学者，不可不研究小说；现世研究小说的人，不可不知道小说史。但是现在却没有小说史，过了几时，或者总有小说史出现的一天；但是我们是否能等到他——小说家与考据小说的人编的小说史出现——然后再来研究？并且他的小说史，是否一着手就是完善的？这我可知道是一定不能够的；那么，现在既需要小说史，而没有小说史出来；我虽不是小说家与考据家，也不妨凭我十年来读小说的心得，来编一部《中国小说史大纲》。

《中国小说史大纲》的稿子作好了，我读了一回，觉得实在太简略些，不敢刊以行世；我的朋友王靖和王无为，他们都劝我去付印，王靖说："胡适说'天下成功在尝试'，你要成功，必须尝试；不敢去尝试，你就干了一辈子，恐怕还没有成功的希望。"王无为说:"静庐!你去做一个失败的人吧!何以言之?你的书,你以为简略,我也以为简略,但是你的书一出,那作小说运动的人,他一定买了一部去看,他看如果也以为太简略,他便会觉到中国作史的人,都是靠不住的,非自己用一番苦工夫,来细心研究它不可;还有一种小说家与考据家,看了你的书,拍着桌子,睁着眼珠说:'这也配称小说史么?若是这样下去,实在贻害研究小说的人不浅;我非好好儿来干一部极详细的小说史出来不可!'于是他就埋首下帷,干了起来,将来这一部极详细的小说史出来,你的太简略的小说史就淘汰了。静庐!你以为这是失败,实在却是你的成功;何以言之?就是:你不刊这一部书,不能够引起作小说运动人的决心,去下苦工夫研究;也不能够勾起一班小说家和考据家的愤气,也做极详细的小说史来,为中国小说界放一异彩。静庐!你别虑失败,失败就是成功;你快来做一个失败的人吧!"我听了他们俩的话,便觉得心痒就不管三七二十一,将这编稿子交印刷局去印了。

　　我编这书能意思,已说明了,我要极诚恳的向读者说一声,就是:诸位读了这书,所发觉的讹误和不周,不满意的地方;和诸位对于这书的意见,请用严格的批评,来教训我,那是我极希望,极欢迎的。

目　录

一、小说名称之由来

　　"小说"之名，创于何代？在中国实无从查考；按刘歆《七略》列小说于第十，曰："小说家者流，盖出自稗官；街谈巷语，道听途说者之所造也。王者欲知闾巷风俗，故立稗官使使说之，如或一言可采，此亦刍荛狂夫之议，是亦与采诗之官，同为敷政布教之一助。萌芽于战国，而发达于汉武之时。"小说二字，始见于此。但在战国时，虽亦有寓意与神话小说，然不名之为小说。张衡《西京赋》："匪惟玩好，乃有秘书；小说九百，本自虞初。"虞初，汉武帝时人。则小说二字之名称，始于汉代，已无疑矣。庄子曰："大言炎炎，小言詹詹。"小说二字，或即小言二字之变易？

二、小说之由来

小说何为发生？质言之可得八因：（一）为高压下之人民诉疾苦；（二）发自己一生遭际不遇之牢骚；（三）改造一种习惯，收潜化之功效；（四）发表一种主义，使普遍于上中下三流社会；（五）假构一种事实，引人入胜，为茶余酒后之解闷；（六）演绎高深学说，使普遍于社会；（七）以游戏笔墨，宣传大奸巨猾之罪状；（八）见闻所及，笔之于书，以备遗忘。

《中国大文学史》说：

……方政治之弊，举世是非赏罚，不得其正，人民憔悴疾苦而不自聊于是为小说者，乃因民心，述游侠大盗，报仇行义之事，以为可以快意，此一类也；学术之弊，极于经义程试，束缚士人之思想，出于一途，文章议论，陈陈相袭，如黄茅白苇，为人所厌；于是为小说者，为述鬼神不经六合以外之事，以振发其耳目，此又一类也；婚姻之弊，多怨偶之祸，于是为小说者，乃述男女慕悦，婚姻遇合之事，此又一类也。

《中国文学史》说：

> ……有时君世主之好奇，而后策士逞迂诞之说，有海市蜃楼之倒景，而后山东多方士之谈；自齐宣王，燕昭王，秦始皇，以好大之心，而迎之以谈天雕龙天口之弊，韩当卢生徐市之徒，故伊尹割烹之说，百里奚自鬻之言，齐谐志怪之书，黄帝神仙之事，如云而起，竞依托以相高，凭想像以构异，好事者之为，齐东野人之语，转相艳称，周于闾巷，故百家言黄帝，其文不雅训；然则小说之兴，其源皆自人心好奇之一念成之也。

《文学讲义》说：

> ……
>
> （一）**关于政治者**：吾国政治，统于一尊，继继承承，垂四千年；其间虽不乏圣君贤臣，然暴君污吏无代无之，常以酷烈之手段，摧残天下之士气，士君子生当其时，愤政治之压制，既不能得志于朝而改革之，在野又力有不逮，于是乎从事于小说；或则述已往之事实，溯治乱兴废之由，使上者知民怒之不可犯，暴政之不可恃，而幡然悔悟；间亦有记前人之美德，以为当世借镜者，此一类也；或则凭空杜撰，设为悲歌慷慨之士，穷而为盗为寇，扶善锄恶，急人之急，有侠义之行，忘身家之危，以愧在上位而虐下民者，此又一类也。

（二）**关于社会者**：吾国政治不良，固矣；社会则何如？颓风薄俗，深入人心，是非颠倒，黑白混淆；富而且贵者，不必能也，而若无事不能；贫而且贱者，未必不能也，而若无事可能。举亿兆人之才力，咸拘于一范围之下，其有英才杰出之士，思想或稍出社会水平线之上，世人不特不谅，且从而非笑之；然当举世梦梦而我独醒之时，终无以自白，于是发为愤世嫉俗之语诙谐诡奇之文，以泄其愤，此小说之所自来也。

（三）**关于家庭者**：夫妇为家庭之所成，婚姻制度之良否，家庭幸福之所系也。吾国婚制，凭父母之命，信媒妁之言，每执路人而强合之；或占脱幅，或赋终风，家庭之苦痛，乃至不可胜言。于是作小说者，或过来人之自道，或理想界之虚构。

以上所言，虽未必尽是；然小说发生之原因，大概不外乎此。

三、小说之定义 = 诗赋与小说

《诗》分风雅颂三门，而风最贵，此何故欤？或谓：《诗》之《国风》，包含有真、美两原质，大小《雅》不过包含一人为之善字，《颂》则祝词祭文一类文章，谀词满纸，毫无价值，故国风推为四诗之首，此言似是；然以吾之眼光观察，犹以为不妥：盖四诗之《国风》，是"德谟克拉西"之文学，可以表现诗之全体精神，凡是"可以兴，可以观，可以群，可以怨"之部分，几乎全属于国风，人类真正之思想，即在此一方面表现，故推《国风》为最名贵之诗。

吾在下小说之定义以前，竟论诗学，或有人谓吾文不对题，其实不然：因吾对于文学之种类，以为亦可用诗之分类法，分其性质，即沿用风雅颂三种名词，来包括一切文学，亦极为适当。惟须重行审定风雅颂之范围，使其由狭义的风雅颂变为广义的风雅颂。至于吾所审定之风雅颂范围如下：

（一）凡包含有"德谟克拉西"原质，能代表人类真正之思想，发挥人类高尚之精神之文字，皆可称为"风"，无论其为寓言，为纪实，为说理，为明性，但不违"德谟克拉西的精神"，即不能轶出此范围。如《左传》所记之郑庄公伐段于鄢，太子申生自杀，齐桓公伐楚，晋楚城濮之战，秦晋战韩，楚晋臣扶夏姬逃走，郑商人犒师，息妫三年不言等，《南华经》之秋水、天下等，《孟子》所记的滕文公居丧、陈仲子不幸、齐人乞墦等，《论语》所记的冉有公西华侍坐、阳货馈孔子蒸豚等，即可以代表此风字，其他如《汉书》《史记》之叙事部分，亦附属于此。

（二）凡是忧时、念乱、舒情，托意于迹象以外，涉思于玄冥之境，可资观感，而其势力，只及于所谓风雅士，不能下逮里巷之文字，皆可名为"雅"。如七子之歌，拘幽之曲，鸱枭之诗，（按此与《诗》之大小雅定义不同），高唐登徒，子虚、上林、长杨之赋，离骚之经，及《左氏传》所记的于思之歌，舆人之诵，以及《汉书》之艺文志，《史记》之游侠传等等，皆可包括于此范围以内。

（三）凡是歌政、颂圣、祭祝、祈祷、哀诔、誓盟，以及其他机械式之文字，皆可称为《颂》。如《书经》之尧典舜典禹谟召诰、穆誓，《左传》之季札观乐，子产毁晋馆舍，齐桓公召陵诘罪，《南华经》之应帝王、德允符，以及扬雄的剧秦论，李白之韩荆州书，韩愈之进学解等等，皆可包括于此范围以内。

以上所述：虽不过举其大概，而吾人已可由此大概，分出文学之门类，使各种文学，不致混为一谈。

吾既分出文学门类，对于小说之定义，自须继续讨论。吾认小说为文学之主要部分，凡是社会的、真的、美的、无束缚的文学，皆可名为小说。所谓社会的、真的、美的、无束缚的，易言之，即有普遍性的，非虚伪的，不雕饰的，不受何种格调声韵之束缚的；再反一面说，即非社会的，朝廷及贵族或特别社会的，及虚伪诈欺的，勉强雕饰的，有格调声韵的，皆非小说。对于前者，其性质类于《国风》《小雅》，对于后者，其性质类于《大雅》《颂》。但性质之辨别虽如此，如诗经之《国风》《小雅》，皆受格调声韵之支配，即不能认为小说。

依此定义而估小说之价值，则小说当然是占文学之最高位置，即以小说代表文学之全体，亦不为已甚。然从严格分别之，文学毕竟是抽象之名词，小说究竟是具体之名词，在类析条分之时，终须承认小说与非小说，是立于对等地位，不能仅举小说，包含文学之全体。

四、小说之创始时期

凡 一种学术之创作，必有所自来，此不易之理也。"物不得其平则鸣"，诗赋歌谣是心声，小说亦是一种心声；推开一步说，一切学说，皆是"不平而鸣"之心声。

小说创始时期在周；以周一代文学说：则发动于成康时代，演进于春秋，而发展于战国。譬如长江之水，出青城，会金沙，其势固犹平缓；及出三峡，会三湖，则其势骤猛，浩浩荡荡，一泻千里，奔放砰湃，不可遏止；中国文学思想之发展，实在斯时。战国文学思想之派别虽多，大抵只有儒道二派；孔子说仁义孝悌之道，是为儒家。老子唱虚无自然之说，是为道家。儒家传者有子夏、子游、曾参、子思等人，及孟轲出，孔子之道更兴，是为儒家之大宗。道家传者有关尹子、鹖冠子、列子等人，及庄周出，以奇肆之才能，奥妙之文词，创造之思想，宏豁之怀抱，作寓意深超之文章，是为道家之大宗。赵秉忠曰："……夫庄、列诚虚无放诞，乃其胸宇宏豁，识越灵峻，起六合而尘万象，无所方拟，未可磷缁；其于大道，洪濛无始，实有洞解弗易及者，是故摛而为文，穷造化之姿态，极生灵之辽广，剖神圣之渺幽，探有无之隐颐。呜呼！天籁之鸣，风水之运，吾靡得覃其奇已！……"

小说既以寓意寄托为上，道家文字，又专尚虚无自然之说，固深合乎小说体裁；故诸子文学，十七八为小说家言。然当时儒家文字，亦间有寓意作小说家言者，如《孟子》七篇，不但推言义理，广大而精微；即就其文法而论，亦大有可观。《林下偶谈》，谓唐人所作杂说之类，实仿于此。若然，则诸子寓意小说，仅传至汉，如《十洲记》《洞冥记》而止；孟子寓意小说，反源远流长，如今日一般人所摹仿者——唐人杂说体——亦胎息于孟子矣。

论创作小说之鼻祖，当推鬻熊——鬻熊周初人；《左传注》说他是祝融氏第十二世孙；《文心雕龙》说："鬻熊知道，文王咨询，录文余事，遗为鬻子。"《汉书·艺文志》载《鬻子说》二十二篇，又小说家《鬻子说》十九篇；但今据《百子全书》所载，只有《鬻子说》十四篇，所传小说十九篇，已无从考据，既无从考据，自不能说是创作小说之鼻祖。

鬻熊之后，有列御寇，所作《列子》八篇，——《汉志》天宝改其书题为《冲虚真经》。——此书文字，其寓意寄托，确甚深超；唯其文意，不似小说家言。书中第四《仲尼篇》曰：

　　仲尼闲居，子贡入侍，而有忧色；子贡不敢问，出告颜回；颜回援琴而歌。
　　孔子闻之，果召回入，问曰："若奚独乐？"颜回曰："夫子奚独忧？"子曰："先言尔志"，曰："吾昔闻之夫子曰：'乐天知命故不忧'，回所以乐也。"孔子愀然有间，曰："有是言哉！汝之意失

矣；请以今言为正也。……"颜回北面拜手曰："回
亦得之矣。"出告子贡，子贡茫然自失，归家淫思七
日，不寝不食，以至骨立；颜回重往喻之，乃及丘
门，弦歌诵书，终身不辍。

此篇文字，写孔子、颜回、子贡三人之情形颇逼肖；顾立
言之意，重在说理，所谓："……汝徒知乐天知命之无忧，不
知乐天知命有忧之大也。……"故不能指为小说。

小说作者，除鬻熊、列御寇外，当推庄周；但在当时除庄
周外，各派学者，所作文字，亦间有含小说意味。

总之：当时文学思想之派别，可分为四：

（一）邹鲁派
（二）荆楚派
（三）燕齐派
（四）三晋派

四派之中，荆楚派属道家，其所作文字，十八九属寓意；
邹鲁派属儒家，三晋派属法家，燕齐派务为空疏迂怪之谈，寓
深意于滑稽谐说之中，亦颇近似小说，可与荆楚派并传。

邹鲁派之文字，以《孟子》七篇中之齐人乞墦一篇，确可
称为社会小说，其描写齐人和妻妾之情形，比唐人杂说为妙。

"齐人乞墦"篇：

齐人有一妻一妾而居室者。其良人出，则必厌
酒肉而后返。其妻问所与饮食者，尽富贵也。其妻

告其妾曰："良人出则必餍酒肉而后返，问其与饮食者，尽富贵也，而未尝有显者来；吾将瞷良人之所之也。"蚤起，试从良人之所也，遍国中，无与立谈者；卒至东郭，墦间之祭者，乞其余不足，又顾而之他，此其为餍足之道也。其妻归，告其妾曰："良人者，所仰望而终身也，今若此！"与其妾讪其良人，而相泣于庭中；而良人不知也，施施从外来，骄其妻妾。

此篇文字用侧笔写"其妻之瞷良人"，以显暴齐人的人格堕落。夫行乞于墦之祭者，而食其余；归家反骄其妻妾曰："与饮食者皆富贵也。"此类人社会上实占大多数，不过或者其妻不去"从良人之所之"，未尝发觉耳！吾故说《孟子》兹篇确可称为社会小说。

燕齐派之文字，以淳于髡之滑稽为最佳；太史公作《史记》，列之于《滑稽列传》。《文心雕龙》说："昔齐威酣乐，而淳于髡说甘酒；楚襄宴集，而宋玉赋好色；意在微讽，有足观者。"

"淳于髡讽齐威王"篇：

威王八年，楚大发兵加齐，齐王使淳于髡使赵请救兵，赍金百斤，车马十驷。淳于髡仰天大笑，冠缨索绝。王曰："先生少之乎？"淳于髡曰："何敢！"王曰："笑岂有说乎？"髡曰："今者，臣从东方来，见道旁有禳田者，操一豚蹄，酒一盂，祝曰'瓯窭满篝汙邪满车，五谷蕃熟，穰穰满家。'臣见

其所持者狭，而所欲者奢，故笑之。"于是齐威王乃
益赍黄金千镒，白璧十双，车马百驷。髡辞而行；
至赵，赵王与以精兵十万，革车千乘。楚闻之，夜
引兵而去。

寓意文字，以《国策》为最富；盖战国文学思想之竞
争，所谓"智士斗其智，勇士斗其勇，辩士斗其辩，学士斗其
学"。"国策"文字，即"辩士斗其辩"也。儒家与道家，即
所谓"学士斗其学"也。

五、小说之演进时期

　　自周至秦，文学受秦始皇之摧残，遭一大打击，一千年来之学说，不绝如缕；但小说在此时期，尚未受此文学打击之影响；非但未受打击，且能另开一线微光。其缘由实由于人心好奇，帝王自大，一般文人方士，欲投好社会之心理，迎合帝王之嗜好，于是千奇百怪，凭其思想所及，构成不可思议之意局。此类大概系说海市蜃楼，兜率瑶池，附会神仙，乱造不经。自秦至汉初，前遭火劫，后遭兵劫，文学之原气未复，于是小说遂如雨后春笋，抽茎出土。伊尹割烹，黄帝神仙之事，及齐谐志怪，齐东野语，弥漫全国；上自廷闱，下迄闾巷，无不争相传诵。如虞初之《周说》九百四十三篇，曼倩之《神异经》《海内十洲记》，郭宪之《洞冥记》，班固之《汉武内传》，又《饶心术》二十五篇，《封禅方说》十八篇等是。除此一类外，尚有二类：（一）杂记类，如刘歆之《西京杂记》和《汉武故事》等书。（二）志艳类：此一类小说，专描摹女性，如崔令钦之《教坊记》，与无名氏之《杂事秘辛》等是。

六、小说之发达时期

　　小说之演进，自汉以后，每朝代多有作者，但皆系荒谬绝伦之谈鬼说怪文字，盖犹上承汉武帝时之《神异》《洞冥》之思途也。如王嘉之《拾遗记》，干宝之《搜神记》，陶渊明之《搜神后记》，曹毗之《续杜兰香》，祖台之《老怪》，焦度之《稽神异苑》，任昉之《述异记》，吴均之《齐谐续纪》，颜之推之《北齐还冤志》等书。若言小说最发达之时期，当推唐代。唐之小说思潮，非常膨胀，理想亦颇高超，非与晋隋南北朝间之小说思潮，直承于汉者，可同日与语。唐代小说之思潮既发展，则作者亦各就性之所近，成种种体裁。如张鷟之《朝野佥载》，唐骈之《剧谈录》，李肇之《国史补》等书专谈掌故；《芝田录》《唐语林》等书专谈社会；张说之《虬髯客传》，陶雍之《英雄传》等书专谈义侠；薛用弱之《集异记》，牛僧儒之《元录录》，段成式之《酉阳杂俎》，郑处晦之《明皇杂录》《白头宫人》，温庭筠之《乾馔子》，陈翰之《异闻集》等书的谈鬼怪；《章台柳传》《步非姻传》《霍小玉传》《游仙窟》《控鹤监记》等书之志艳。然在此时期内，仍以谈鬼说怪之文字占最多数；其故盖以其思想之遗传性，五百年来盘踞甚深，故创作仍不能尽发挥其个人性也。

五代为乱离之世，文事衰歇；如冯延巳之《昆仑奴传》，高彦休之《唐阙史》，尉迟偓之《中朝故事》，杜光庭之《神仙感遇传》，王仁裕之《开元天宝遗事》，推为一代杰作。

宋之文学，非常发达；但小说，仍是上承汉唐之思想，别无发展。如洪迈之《夷坚志》，何薳之《春渚纪闻》，徐铉之《稽神记》，吴处厚之《青箱杂记》，王銍之《闻见近录》等书之鬼怪体；及欧阳修之《六一居士传》《归田录》，司马光之《涑水纪闻》，邵伯温之《见闻录》，王彦辅之《麈史》，王性之之《默记》，周密之《武林旧事》《齐东野语》，周辉之《清波杂志》，叶梦得之《石林燕语》，洪迈的《夷坚志》等书之杂记体。乐史之《杨太真传》，张邦基之《侍儿小名录》等书之志艳。

论到小说发展之第二时期，当推元代。元代之学者，上承旧思想外，能够另辟一新局面。此一时期，甚可称之为"小说革命"时代。何以言之？即更变前人之体例，并另创一种白话体故也。白话小说，大概系宋代语录与《宣和遗事》之变体。小说改用白话，确比文言为佳；然元代之小说变更白话，其最大原因，即为文学之衰颓；且元以蒙古入主中原，对于中原旧有之文学，毫无基础；故皇皇廷谕，亦皆系俚句俗语；一般学者，欲奉迎王意，故亦多采用白话。

中国文学史上，载元代小说变更白话与小说勃兴之缘由三则，现转录如下：

（一）宋金之留贻：

　　前此无以白话说理者，自二程始，因弟子之讲

　习，仿佛家说法为语录。是后言性理者因之，此文

体之用俗语者也。邵康节之诗，宛如口语；黄山谷之词，至竟体用白话。后起者往往效之，此韵语之用俗语者也。元人因以运入小说戏曲。

（二）元人鄙朴：

元人崛起汉北，不谙文理，故朝廷所下文告，词多鄙俚——若今所传《天宝宫圣旨碑》文。——即史官载笔，或以鸡儿，狗儿，猪儿，纪年——如今所传《元秘史略》。——故通俗文学，适于发达。

（三）元人之豪奢：

臧晋叔曰："或谓元取士有填词科，如今之帖括然，取给于风檐寸晷之下；故虽一时名士如马致远乔孟符辈，至第四折，往往成强弩之末。"沈德符曰："元人未灭南宋以前，以杂剧试士。"吴梅村亦曰："当时取士，皆傅粉墨而践排场。"惟此事不见《元史·选举志》，于他亦无确证，难以凭信；然为元人之所好，无疑也。元起朔汉荒寒之区，无礼教之束缚；一旦入中国，乃大放于声色口体之欲；汉人迎其意，被其教者，遂以怪力乱神，骄奢淫侈之事，极力描写以承之。

有以上三种理由，益之以文学衰颓，故一般学者，遂多从事于小说，藉以和合朝野之志趋；此与秦汉时之专作神话小说无异。顾元代之小说，决不能与秦汉晋隋南北朝唐宋一般作比较。观元代小说既另开新局面，于是一般学者，遂变其从前高傲之态度，所谓"出其余绪，从事稗乘"之习气，有尽一生之事业，专从事于小说者焉。

自《宣和遗事》出，章回之长篇小说创；其后《水浒》《三国演义》出，流传独广，后人称谓奇书。奇书有四：即俗所指《水浒》《三国演义》《西游记》《金瓶梅》四书是也。四书之中，《水浒》写社会，《三国演义》演历史，《西游记》谈神怪，《金瓶梅》记家庭。此四类小说与唐宋小说不同：由文言变为白话，由短篇变为长篇章回，由杂记变为有统系之纪事；因此之故，此四小说，各立一帜，成为四大奇书。但其间当推《水浒》为小说——章回——创作之鼻祖。

《水浒》系施耐庵所著，将宋史张叔夜征讨梁山事，演绎而成。书中之三十六人姓名，周公谨之《癸辛杂志》记载颇详；但《水浒》中以宋江为三十六个人中之首领；据《居易录》所载；张叔夜征梁山时之檄文，谓有能擒卢俊义者赏十万，擒宋江者赏二万；则宋江似在卢俊义之下。惟《水浒》系专写社会之状况，与草莽之情形；不过借历史上一段故事，当作胚子，不能作历史小说观也。

《三国演义》系罗贯中所作，全书皆本陈寿之《三国志》演绎，虽微有出入，固不足为病。

《西游记》系丘处机所著，全书虽记述唐代陈元奘法师奉武德帝命，西入西藏天竺取经一事；但此项著作，虽属谈神说怪，在千余年以前，确可称为理想小说；然据钱大昕《元史艺文志补》所载丘处机传说："元太祖自奈曼命近臣持诏求之，乃发抚州，经数十国，为地万有余里：盖喋血战场，避寇叛域，绝粮沙漠，自昆仑历四载而达雪山，常马行深雪中，马上举策试雪之深浅，策尽犹未及积雪之半。"若然，则《西游记》决不是一部游戏，或理想之著作；确可称为冒险小说矣！唯书内附插太杂，未免有言之过尽之处，故总不离宋人神怪体例，只可称为一部比较长些的神怪小说而已。

《金瓶梅》系王弇洲所著，全书无本事，只采取《水浒》内西门庆潘巧云之一段事所演绎；书中全力描写下流社会家庭闺阁间之口吻；唯描写兽欲刻画太深，至全书精彩处，反为所掩。

以上四书，各有所长，各有所短；其所以称四大奇书之缘故：因从来小说界本只有历史，社会，神怪，家庭四类。此四类在唐宋时，皆系短篇札记，从未有如此类著作之有首有尾，极长极详之记载故也。《水浒》《西游记》《三国演义》《金瓶梅》，虽其思想尚含有旧之意味；但其笔法文体，已另辟破天荒之新纪元矣。奇书之称呼，或本于此。

元代之杂记小说颇少，像陆友仁之《砚北杂志》，盛如将之《老学丛谈》等书亦颇另碎。

小说至明又衰；但据《明史・艺文志》所载者，亦有一百二十七种，大概非札记即谈鬼说怪文字；章回小说，有郭勋之《英烈传》，钟伯敬之《开辟演义》等书；至清代则更兴旺，比元代益形发达。然创刊之作，亦只有曹雪芹之《红楼梦》与吴敏轩之《儒林外史》二书而已。二书无所本，皆凭意象和经验而作。《红楼梦》写家庭儿女间情事，惟妙惟肖；《儒林外史》写社会上文人丑态，刻画无遗。此外仿《水浒》作者，有《儿女英雄传》《施公案》《彭公案》《七侠五义》《七剑十三侠》等书；仿《西游记》作者，有《镜花缘》等书；仿《三国演义》作者，有《隋唐演义》《岳传》《东周列国》等书；仿《金瓶梅》作者，有《隔帘花影》，及《海上花》《九尾龟》《繁华梦》三书。——此三书专写娼妓与嫖客之口吻，与《金瓶梅》略异。——此外仿《红楼梦》作者，有《花月痕泪珠缘》；仿《儒林外史》，有《官场现形记》《二十年目睹之怪现状》等书。

杂记一体，清代最盛，如蒲留仙之《聊斋志异》，纪晓岚之《阅微草堂》，王渔洋之《池北偶谈》，袁子才之《子不语》，施可斋之《萤窗异草》，宣瘦梅之《夜雨秋灯录》，汤芷卿之《翼駉稗钞》，乐钧之《耳食录》等书之鬼怪；钮琇之《觚剩》，薛福成之《庸庵笔记》，张山来之《虞初新志》，郑醒愚之《虞初续志》，俞曲园之《春在堂随笔》，王渔洋之《香祖笔记》，钱泳之《履园丛话》，梁章钜之《退庵随笔》，史梧冈之《西青散记》等书之札记；余淡心之《板桥杂记》，王韬之《淞滨琐话》，及吴门，秦淮，扬州，画舫录等书之志艳。

此外尚有章回短篇；及骈文长篇小说二种：章回短篇小说，如李笠翁之《十二楼》，吴研人之《恨海》等书；（又有《今古奇观》一书，出于明，抑出于清？皆不可考；惟某种笔记谓系明洪武敕撰之书，若然则系明本矣）骈文长篇小说，只有陈蕴斋的《燕山外史》一种。

自清季至民国八年止，此数年来，小说之发展甚速。皇皇巨制：如杨尘因之《新华春梦记》，陆士谔之《清史演义》，东亚病夫之《孽海花》等书之历史；如向恺然之《留东外史》，李涵秋之《广陵潮》，百练生之《老残游记》等书之社会；像吴稚晖之《上下古今谈》等书之科学；如叶小凤之《古戍寒笳记》，秋澹叟之《雍正剑侠传》等书之侠义；其记载淫业之书，描摹娼妓与嫖客之生活者，如张春帆之《九尾龟续集》，孙玉声之《海上繁华梦续集》与《歇浦潮》，刘蓬庐之《海上销金窟》等书。杂记之小说，在民国以来，已不可多觏；谈历史如孙静庵之《栖霞阁野乘》，蒋志范之《清朝野史》，许指严之《南巡秘记》，沃邱仲子之《慈禧传信录》等书，杂记如林琴南之《蠡叟丛谈》《畏庐笔记》、存晦《此登临楼笔记》等书。记艳如叶小凤之《金昌三月记》等书；谈如侠林琴南之《技击余闻》，向恺然之《拳术见闻录》等书。在此时间，有最可满意之事：即章回体之神怪小说与札记体之神怪小说，自《封神传》《子不语》后，已成绝响。

文言之长篇小说，除林琴南译本外；如苏曼殊之《断鸿零雁记》《绛纱记》《碎簪记》，王无为之《蒙古旅行记》，姚鹓雏之《燕蹴筝弦录》，何诹之《碎琴楼》，章秋桐之《双枰记》等书。

文言长篇小说之外，又有一种骈散文体之滥调。其体裁是半用骈文，半用散文；虽属怪体滥调，但其势却甚猖獗，流传之广，在民国二三四年间，几乎可与章回小说并驾齐驱。始作俑者，为徐枕亚之《玉梨魂》；厥后又作《雪鸿泪史》《余之妻》《双鬟记》等，风行一时，一般无聊文人和之，推波掀浪，颇占一时期之势力。如江山渊的《芙蓉泪》，吴双热之《孽冤镜》，李定夷之十种等书。骈散文滥调之小说衰后，又有一种黑幕小说，替代而起。此类黑幕小说，在民国六七年亦占有大势力；始作祟者，是钱生可之《上海黑幕汇编》，其后颇有继起者，但就其大意，可以"诲淫诲盗"四字包括之。

七、欧美小说入华史

　　人情好奇，见异思迁，中国小说，大半叙述才子佳人，千篇一律，不足以餍其好奇之欲望；由是西洋小说便有乘时勃兴之机会。自林琴南译法人小仲马所著哀情小说《茶花女遗事》以后，辟小说未有之蹊径，打破才子佳人团圆式之结局；中国小说界大受其影响，由是国人皆从事于译述。从此译本之小说，时时发现于坊间，卒至汗牛充栋，不可研诘；但平心论之，中国小说界，不能说无"绝长补短"不得其好处也。

　　译本之书，林氏为最多，其所译大半属于欧美名家之小说——在中国人称为小说，西洋概认为文学——如英之莎士比亚 Shakspeare，司各德 Scott，第福 Defoe，迭更司 Dickens（编者注：今译"狄更斯"），柯南达利 Doyle（今译"柯南道尔"），赫葛德 Hoggard（今译"哈格德"）等；法之大仲马、小仲马等；俄之托尔斯泰等。林氏译笔用古文，描写西洋风土，拔援劲遒，初颇为社会所欢迎；近则研究外国文学者日多，试取其原本而参读之，遂觉林氏所译，误谬百出，加以攻击；但林氏介绍西洋小说之功，终不可没；且其系笔述，有错与否，口述者自不能解其咎。林氏所译小说。可分七种，兹略述之，并加以说明。

  （一）历史：《劫后英雄传》《玉楼花劫》
《残蝉曳声录》《大食故宫余载》等。

  （二）社会：《贼史》《冰雪姻缘》《块肉余生
记》《蛇女士》《脂粉议员》《社会声影录》。

  （三）言情小说：《剑底鸳鸯》《玉雪留痕》
《迦茵小传》《橡湖仙影》《红楼画浆录》《恨缕情
丝》《香钩情眼》《离恨天》。

  （四）神怪及冒险：《烟水愁城录》《雾史》
《鬼山狼侠》《埃及剖尸记》。

  （五）侦探：《奇案开场》《贝克探案》《石麟移
月记》。

  （六）滑稽：《旅行述异》《拊掌录》《海外轩
渠记》。

  （七）军事：《滑铁庐战血余腥记》《利俾瑟战
血余腥记》《金风铁雨录》。

  以上七种，不过举其大略。大概皆系林氏早年所译，间亦
有经心之作：如迭更司之《块肉余生记》《贼史》；欧文之
《大食故宫余载》；如《滑铁庐战血余腥记》等，译笔颇能曲
曲将原著之精彩传出。历史小说林氏多译英之司各德，法之大
仲马等著作；社会小说大半译自迭更司，因迭氏为英国十八
世纪社会小说大家；言情神怪及冒险小说，多译赫葛德；他
家则未见；滑稽小说只有二部——《旅行述异》及《拊掌
录》——原书为美国有名文学家华盛顿·欧文所著，欧氏文章
雅丽可爱，并带有滑稽之风调。林氏二十年以来所译小说，最

足代表西洋文学的大概者不外以上数种。至于近代俄国名家之小说，如托尔斯泰、却霍夫（编者注：今译"契诃夫"）、杜介纳夫（今译"屠格涅夫"）等；法国如莫泊三（今译"莫泊桑"），曹拉Zola（今译"左拉"），弗劳伯Flaubert（今译"福楼拜"）等，英国如Oscar Wilde（今译"奥斯卡·王尔德"），萧伯纳Bernard Shaw，威尔Wells等，挪威如易卜生Ibsen等之名家著作，林氏说部丛书中则寥寥不可多见；林氏所以受人攻击者亦在此。

林琴南之外，号称能译西洋小说之文人，当推周作人，其所译之《域外小说集》，用文言译述，古奥奇峭，确是善本。

此外，尚有包天笑、恽铁樵、周瘦鹃等，皆翻译西洋小说有名于时。包恽二人译笔用文言多于白话，文从字顺，雅饬可观。如包所译的《情网》《梅花落》《空谷兰》；恽所译的《蔻荳葩》《说荟》等书，可以代表其全体。周瘦鹃之译笔，脂粉气太重，如苏州女人，作尽搔首弄姿之神态，以惹游客怜惜，其风格未免太低；但颇受社会大多数青年男女之欢迎。试读周所译之《欧美名家短篇小说丛刊》，方知我之批评，不是有意捏造。小说文字不必多用纤秾香艳之字眼去渲染；因渲染太过，则失其真，反不如淡淡描写，能得其实际。谚云："多买胭脂画牡丹"，作小说者，却宜切戒。试阅迭更司、托尔斯泰、杜介纳夫等之小说，彼辈之艺术如何？亦曾否用花花绿绿之文字去渲染否乎？

最近如沈暑香所译之托尔斯泰小说《婀娜小传》，胡适之之短篇小说，周作人译之点滴，皆能将原著的精彩活现纸上；不过沈暑香用文言译述，稍有不同，但严洁无疵，亦可称上选。总之林琴南译《茶花女遗事》以来，方引起国人译西洋小说之兴味，此为世人所公认者；不过"进化"如积薪，后来居上而已。

八、近代小说之潮流

欲论近代小说之潮流，不得不将世界小说之潮流作一有系统之观察；因中国自周以降，历代小说大概皆属于古典派，陈陈相因，进化极乎迟慢；自西洋小说输入以后，方有一丝变化。

文学即是思想之结晶体。吾人思想全仗文字之力量去表示，方能成为文学；因文字即发表思想之工具也。由此言之，小说亦赖文字去表现，自然亦是文学之一种。小说进化与社会进化相同：就世界小说之历史言之，最初小说不外神话歌谣而已；至后社会进化，小说亦随之进化。此种进化发展之程式，不论中外皆同。中国文学，诗文发达最早，小说则至唐元时代始兴盛。元之《水浒》，清之《红楼梦》两书，即可以代表中国小说之进化。

欧洲小说最发达时代，在十九世纪；因十九世纪，欧洲文学变迁最大，中国今日小说界受欧西潮流之影响，渐有"改弦更张"之改革运动；但尚有"抱残守缺"之文人，犹是"闭户造车"之陋习，此盖受古典派所浸润之故也。故研究小说不可不具世界之眼光，不可不辨世界文学之潮流。

但近代小说之潮流究属如何？

吾人认定文字是表现思想之工具，小说是由文字组织而成，故思想变迁，所著之小说亦随之变迁。一时代有一时代之思想，即一时代有一时代之小说。小说是随社会之环境同时变迁，亦随科学和哲学同时进化。故吾人研究近代小说之潮流，必先考察近代小说和社会有何关系？起如何变化？近代社会主义之潮流，浩浩荡荡，沛然莫之能御；故近代之小说，皆含有社会主义之色彩，皆变为倾向于社会主义之文学。近代小说之潮流，大略言之，可分二种：

（一）自思想上观察：由贵族的趋于平民社会的。
（二）自精神上观察：由精神的趋于物质的，复渐渐趋于精神物质两方面互相调和的。

何以言"由贵族的趋于平民社会的"？试看古代之小说，不过替贵族人作消遣品而已，何尝有替平民呼冤，代社会抱不平者。从前小说之内容，不是说鬼谈神，即记才子佳人、风花雪月等等肉麻等事，决非将下流社会人作材料。

十八世纪是欧洲文学界大变迁之时代。如法国布伯而Beaumarchais（编者注：今译"博马舍"），何哥Victor Hugo（今译"维克多·雨果"），小仲马Alexandre Dumas Fils，布利乌Brieux（今译"布里厄"），等人之著作大半皆偏于社会方面。小仲马著《茶花女》，即纯粹取材于社会方面。此即"由贵族的趋于平民社会的"之实证也。

十九世纪俄国小说家如：托尔斯泰、杜介纳夫、哥其Gorky（今译"高尔基"），却霍夫Chekhov等更有声有色，皆含有人道主义、社会主义之色彩。

美国文学虽不甚发达，但亦多半趋于社会方面。如亨利O. Henry、哈德 Bret Harte 之小说，皆系描写下等社会之生活，和揭穿社会之黑幕。又如华而得 Eugene Waltea（今译"尤金·王尔德"）所著之"The Easiest Way"和克拉差 Crontchers 之"A man sworld"亦皆系攻击社会黑暗者。

近世资本家与劳动者发生冲突——即无产阶级与有产阶级宣战——由是各种社会主义乘时发生，蓬蓬勃勃，如雨后春笋。此种潮流，几无孔不入，于是小说界亦难免受其影响；故近代小说皆合有社会主义和人生问题之倾向。此类小说家亦无非欲以小说作手段，谋直接间接去达改造社会之目的而已。小说是受社会影响，将色彩更变；但同时亦有影响社会之能力，其中息息相关之理由，吾人不可忽视之。法国之卢梭特倡返于自然"Return nature"之文学，以后方自法国的革命；十九世纪有托尔斯泰等作人道主义与无治主义之小说家，方有布尔什维克之革命。

各人皆知欧洲近代小说潮流，由浪漫主义——属于精神的变为写实主义，自然主义——偏于物质；近来更变为浪漫主义和写实主义相融合——即新浪漫主义 New-romantisim。

浪漫派是受卢梭自然主义所发生者。写实派是受达尔文进化论和近代之科学所产生者。浪漫派之目的只求美，注意主观理想，偏于精神；写实派在于求真，注重客观描写偏于物质。比二派各有所偏，故近来又发生一种新浪漫主义。十九世纪前半，欧洲小说大半属浪漫派，后半纪则渐趋于写实主义，如法国之莫泊三、曹拉、弗劳伯，是写实主义大家；又如英之司蒂文生 Stevenson，及现代的 Sir Rider Haggard 皆是新浪漫派的作家。中国之小说如《聊斋》《子不语》可以代表神话；《西游记》似一种浪漫派；《红楼梦》及《水浒》虽稍近于写实，但仍不脱浪漫主义之气息。有人说：今之李涵秋著之《广陵潮》，可称是写实小说；但据吾浅微之眼光观察，虽比较好些，但尚不足称欧洲写实主义之资格。此盖因中国科学不进步，物质文明幼稚之故；写实主义最重要的在于有科学之精神；科学发达，自然有写实小说产生。

九、小说进化之历程

　　小说进化之历程，就以上沿革所述者分类言之，大概可作下列九时期：

　　　　一　寓意时期

　　　　二　神话时期

　　　　三　谈鬼说怪时期

　　　　四　杂记时期

　　　　五　章回时期

　　　　六　散文长篇时期

　　　　七　骈散文长篇时期

　　　　八　黑幕小说时期

　　　　九　白话短篇时期

（一）寓言时期

　　此一时期，即小说创始之时期。道家发挥道学，专以寓意文字，鼓吹虚无主义，如《庄子》《韩非子》等书。

（二）神话时期

此类小说，在汉时有《海内十洲记》《神异经》《汉武内传》等。

（三）谈鬼说怪时期

此一时期，起于汉时，迄于清季。汉之《虞初周说》《洞冥记》；晋之《搜神记》《拾遗记》；梁之《述异记》；唐之《集异记》；宋之《异苑》《稽神录》；清之《聊斋志异》《子不语》《阅微草堂》等书皆是。

（四）杂记短篇时期

杂记始于汉而盛于唐，其余风至今犹盛。如汉之《西京杂记》《汉武故事》；唐之《明皇杂录》《国史补》《教坊记》《幽闲鼓吹录》；宋之《甲申杂记》《后山谈丛》《齐东野语》《涑水纪闻》；元之《砚北杂志》；明之《枣林杂俎》《涌幢小品》《四十家言》；清之《虞初新续志》《夜雨秋灯录》《两般秋雨庵随笔》《池北偶谈》等。

（五）章回时期

章回小说创于元，而发源实在宋时；刘斧作《青琐高议》，每条首用七字标目，如"张乖崖明断分财，回处士磨镜题诗"。至《宣和遗事》，则更类似演义，《水浒》仿之，成有统系之纪事小说；后《三国演义》《西游记》《金瓶梅》出，遂别开小说界之新局面；此后代有作者，大小秩不可数计；唯《红楼梦》，以旖旎绮丽之笔，描写小儿女之情事，贵族家庭之豪华，逼肖如写真。此书风行全球，其魔力之大，几登《水浒》而上之，执中国小说界之牛耳；或谓此书系暗射当时顺治帝之事实而作——蔡子民之《石头记索隐》，王梦楼之《红楼梦索隐》，邓狂言之《红楼梦释真》——未敢深信。《红楼梦》之后，有《续红楼梦》《红楼重梦》《风月梦》《红楼再梦》《红楼圆梦》《鬼红楼梦》《后红楼梦》《疑红楼梦》《疑疑红楼梦》《大红楼梦》《红楼复梦》《红楼绮梦》《新石头记》等，狗尾续貂而出，又有《泪珠缘》之仿作，可见其入人之深与价值之重矣。历史小说，自《三国演义》后，有《东周列国》《隋唐演义》《岳传》《英烈传》《东西汉演义》《秦汉演义》《清史演义》《清代演义》《神州光复志》等；然以当代人作当代演义，并多贬笔平章现代人物，不曲不阿，则此书当推《新华春梦记》为创作；于是《新华春梦记》亦遂于演义界辟开一新纪元矣。神怪之小说自《西游记》后，有《开辟演义》《封神演义》等。至志艳小说，自《金瓶梅》后，有《玉娇李》《野叟曝言》；类似此书者，有《海上花》《九尾龟》《海上繁华梦》等，专描写娼妓与嫖客之生活。诸类之外，尚有一类提倡侠义者，专描写剑仙侠客之行动；此类小说，泰半杜撰；其宗旨大抵说除暴扶良，诛奸述义；此类小说，在中下流社会，颇占势力，故其立意，只偏重于友义，而所记述多草泽英雄；作此类小说者，大抵为潦倒文人，豪气未销，自以为"英雄无用武之地"，乃于酒酣耳热之余，想入非非，作剑仙侠客之传，借吐其胸中之牢骚。如《七侠五义》《七剑十三侠》《施公案》《彭公案》《济颠僧》《儿女英雄传》《女仙外史》《雍正剑侠传》等皆是。

（六）散文长篇时期

散文长篇小说，如唐宋明清各札记皆是；散文长篇小说，当以《茶花女遗事》为第一部；此后作者颇多，流风至今犹盛；但以译著为多，创作不可多觏；如《黄金崇》《蒙古旅行记》《断鸿零雁记》《碎簪记》《绛纱记》《燕蹴筝弦录》《碎琴楼》《双桥记》等数书而已。

（七）骈散文长篇时期

此类小说，风行约四年——自民国三年至六年——半骈半散，为小说界最下乘，以《玉梨魂》创其首，《雪鸿泪史》《双鬟记》《孽冤镜》《宝玉怨》《同命鸟》《美人福》《鸳湖潮》等继其后。

（八）黑幕小说时期

作黑幕小说者，揭社会小说之旗帜相号召，以为黑幕小说一出，则社会上魑魅魍魉之恶形，皆无所遁形。自《时事新报》创其首，一辈诲淫诲盗之娼妇荡子式的红绿文人，皆随声附和，在民国六年与七年间，坊间出版物，大概皆此类小说，差幸此风不长，只一二年即"偃旗歇鼓"；但经此一扰乱，章回体社会小说亦即绝响，此盖亦风俗浇薄，人心倾向于淫亵之故；但执笔为文化运动，社会教育之小说家，不有以矫正之，反从而诱惑之，此罪实彰彰不可逃矣。

（九）白话短篇时期

文学革命而后，小说界亦起而为局部革命，用最经济、最简练之笔，记述一个人于一时期，所作之事此事又必与社会上有多少关系；用精确之批评眼光，与哲理的背景，文学的组织，来作此一小段文字。非如章回之长篇小说，能记述若干年若干人若干事，对于此若干年间，若干人，所作之若干事，如衣食起居，男女居室之事，皆记述出来；亦非仅如札记里乱记男女唱和之诗词，达官显宦之起居注，过去生活之追述。必须适合现社会新人生之生活有多少关系，或发挥个人之思想，注观察于艺术。

十、传奇与弹词略言

一、传奇

传奇是否小说？在吾之眼光观察，传奇实是曲之一种；陶宗仪《辍耕录》说："唐曰传奇，宋曰戏诨，元曰杂剧院本。"陶氏又曰："稗官废而传奇作，传奇作而戏曲继。"传奇始于唐代，所传有《飞燕外传》一书：据《唐史·艺文志》载有《裴硎传》传奇一卷，其书已不得见。《飞燕外传》记赵飞燕事，其文笔侧艳，近于诲淫；裴硎传奇据《太平广记》所记："裴硎晚唐人，为高骈客；以骈好神仙，故撰此书以惑之。"则此书乃谈鬼说怪之作。宋代杂剧之名据《武林旧事》所载者有二百八十余本。元明两代之杂剧传奇最旺盛。元代曲手据《太和正音谱》、朱曜仙《词品》里中所评举者，有一百八十七家；沈德符《顾曲杂言》说："元人如乔梦符郑德辉辈，俱以四折杂剧擅名；若散套则诸人皆有之；惟马东篱《百岁光阴》，张小山《长天落彩霞》，为一时绝唱，其余不及也。"《词品》所评之首选十二人，以马致远——字东篱——为首。"评曰：马东篱如朝阳鸣凤，张小山——字可九——如瑶天笙鹤，白仁甫如鹏抟九霄，李寿卿如洞天春晓，乔梦符如神鳌鼓浪，费唐臣如三峡浪涛，宫大用如西风雕鹗，王实甫如花间美人，张鸣善如彩凤刷羽，关汉卿如琼筵醉客，郑德辉如九天珠玉，白无咎如太华孤峰。"马东篱所作，见臧晋叔《元曲选》所载，有《汉宫秋》《荐福碑》《任风子》《青衫泪》《岳阳楼》《陈抟高卧》《踏雪寻梅》（《元曲选》无，有《黄粱记》，特注）等七本；并《顾曲杂言》所载之《百岁光阴》，共有八本，然今已无传。至王实甫《丽春堂》杂剧，以《西厢记》最佳，流传甚广。其余百余家并郑马关白四大家之著作及《元曲选》，所列名目殊多，其曲本至今所传者十不得一；而吾又不擅曲，于曲为门外汉，对于其沿革，更茫无头绪，姑且从略。

明代传奇所传者，如汤临川之"玉茗堂四梦"——《邯郸梦》《南柯梦》《紫钗记》《还魂记》；郑若庸之《玉玦记》《绣襦记》；陆天池之《无双传》；张伯起之《红拂记》；梁伯龙之《吴越春秋》《红线记》《红衫记》；康对山之《中山狼》；汪太函四作——《高唐梦》《长生殿》《西子五湖》《洛神》；——徐文长之《四声猿》；屠真之《浣花记》《彩毫记》；龙米陵之《蓝桥记》；汪道昆之《东郭记》等书。

清代传奇所传者，如孔凤亭之《桃花扇》，尤悔庵之《桃花源》《黑白卫》，李笠翁之十种曲——《风筝误》《慎鸾交》《奈何天》《怜香伴》《比目鱼》《意中缘》《玉搔头》《蜃中楼》《巧团圆》《凤求凰》；袁于令之《西楼记》；蒋清容之九种曲；阮大铖之《燕子笺》；洪稗畦之《长生殿》《四婵娟》《回文锦》《闹飞唐》《回龙记》——数书中以《长生殿》为最流行。王汉恭之《想当然》，朱素臣之《十五贯》，张漱石之《玉燕堂》四种，杨小坡之《鹦鹉媒》等。

传奇杂剧吾初未研究；以上所述不过记其万一耳；兹得梁廷枏《曲话》，见其所记元明清三代作者甚详，足以补吾所述之遗漏。爰摘而录之如下。

作曲人自一种至数十种，有姓氏可考及或隐其本名而寓以他称者，以杂剧言之，其人各一种者：元人如：李文蔚作《燕青博鱼》，李直夫作《虎头牌》，岳伯川作《铁拐李》，杨文奎作《翠红乡》，戴善甫作《风光好》，李寿卿作《伍员吹箫》，孙仲章作《勘头巾》，高文秀作《双献功》，王仲文作《贤母不忍尸》，王实甫作《丽春堂》，宫大用作《范张鸡黍》，范子安作《竹叶舟》，张寿卿作《红梨花》，李行甫作《灰阑记》，谷子敬作《三度城南柳》，曾瑞卿作《留鞋记》，杨景贤作《刘行首》，王子一作《误入桃源》，孟汉卿作《魔合罗》，石子章作《竹坞听琴》，纪君祥作《赵氏孤儿》，康进之作《李逵负荆》，李致远作《还牢末》，李好古作《张生煮海》，王晔作《桃花女》，朱凯作《昊天塔》；明人如：梅鼎祚作《昆仑奴》，凌初成作《虬髯翁》，王九思作《曲江春》，康海作《中山狼》，汪廷讷作《广陵月》，僧湛然作《鱼儿佛》，王应遴作《逍遥游》，林章作《青虬记》，北海冯氏作《不伏老》，幔亭仙史作《双莺传》，竹痴居士作《齐东绝倒》，澹居士作《樱桃梦》，蘧然子作《蕉鹿梦》，秦楼外史作《男王后》，破悭道人作《一文钱》，函三馆作《红莲债》，蘅芜室作《再生缘》；清人如：空观主人作《蓦忽姻缘》，二乡亭主人作《祭皋陶》，邹兑金作《空堂话》，孟称舜作《眼儿媚》，查继佐作《续西厢》，陆世廉作《西台记》，堵廷棻作《卫花符》，土室道民作《鲠诗谶》，黄家舒作《城南寺》，碧蕉轩主人作《不了缘》，张来宗作《樱桃宴》，张龙文作《旗亭燕》，孙源文作《饿方朔》，高应玘作《北门锁钥》。

其人各二种者：元人如：吴昌龄之《风花雪月》《东坡梦》，秦简夫之《赵礼让肥》《东堂老》，杨显之《临江驿》《酷寒亭》，石君宝之《李亚仙》《秋胡戏妻》，白仁甫之《梧桐雨》《墙头马上》；明人如：许翙之《络冰丝》《春波影》，梁伯龙之《红线女》《红绡》，徐阳辉之《脱囊颖》《有情痴》，陈与郊之《昭君出塞》《文姬入塞》；清人如：稊留山之《扬州梦》《读离骚》，蜗寄居士之《笳骚》《长生殿补阙》，田民之《蓬岛璚瑶》《花木题名》。

其人各三种者：元人如：乔孟符之《金钱记》《扬州梦》《玉箫女》，张国宾之《合汗衫》《薛仁贵》《相国寺》，郑廷玉之《楚昭公》《后庭花》《忍字记》，武汉臣之《老生儿》《生金阁》《玉壶春》，郑德辉之《倩女离魂》《王粲登楼》《㑇梅香》，贾仲名之《意马心猿》《玉梳记》《萧淑兰》，尚仲贤之《单鞭夺槊》《气英布》《柳毅传书》；明人如：沈自徵之《鞭歌妓》《簪花髻》《霸亭秋》，杨慎之《洞天元记》《兰亭会》《太和记》；清人如：石牧之《裴航遇仙》《张旭观公孙大娘舞剑》《郁轮袍》，元成子之《蓝采和》《阮步兵》《铁氏女》，蒋士铨之《四弦秋》《一片石》《忉利天》，南山逸史之《半臂寒》《长公妹》《中郎女》。

其人各四种者：明人如：徐渭之《女状元》《雌木兰》《翠乡梦》《渔阳弄》，汪道昆之《远山戏》《高唐梦》

《洛水悲》《五湖游》，王衡之《郁轮袍》《哭倒长安街》《真傀儡》《没奈何》；清人如：徐又陵之《买花钱》《大转输》《浮西施》《拈花笑》，尤侗之《读离骚》《吊琵琶》《黑白卫》《清平调》，群玉山樵之《卢从史》《老客归》《长门赋》《燕子楼》，林于阁之《义犬记》《淮阴侯》《中山狼》《蔡文姬》。

其人各五种者：明人如：孟称舜之《桃花人面》《英雄成败》《死里逃生》《花舫缘》《红颜年少》；清人如：张国筹之《脱颖》《茅芦》《章台柳》《韦苏州》《申包胥》。

其人各六种者：清人如：黄方印之《倚门再醮》《淫僧》《偷期》《督妓》《娈童》《惧内》。

其人各七种者：元人如：马致远之《汉宫秋》《荐福碑》《三醉岳阳楼》《陈抟高卧》《黄粱梦》《青衫泪》《三度任风子》；明人如：许潮之《武陵春》《龙山宴》《午日吟》《南楼月》《赤壁游》《同甲会》《写风情》，叶宪祖之《碧莲绣符》《丹桂钿盒》《北邙说法》《团花凤》《夭桃纨扇》《素梅玉蟾》《易水寒》。

其人各八种者：元人如：关汉卿之《玉镜台》《谢天香》《望江亭》《救风尘》《金线池》《窦娥冤》《蝴蝶梦》《鲁斋郎》；清人如：万树之《珊瑚珠》《舞霓裳》《藐姑仙》《青钱赚》《焚香闹》《骂东风》《三茅宴》《玉山宴》。

以传奇言之，其人各一种者：元人如：董解元作《弦索西厢》；明人如：高则诚作《琵琶》，柯丹邱作《荆钗》，苏复之作《金印》，王雨舟作《连环》，邵给谏作《香囊》，周夷玉作《红梅》，周螺冠作《锦笺》，端整作《庋廖》，梁伯龙作《浣纱》，梅鼎祚作《玉石》，龙膺作《蓝桥》，余聿文作《量江》，冯梦龙作《双雄》，黄伯羽作《蛟虎》，陆弼作《存孤》，李鸣雷作《清风亭》，谢谠作《四喜》，陈与郊作《鹦鹉洲》，许潮作《泰和》，张太和作《红拂》，钱直之作《忠节》，章大纶作《符节》，金无垢作《呼卢》，陆济之作《题桥》，张午山作《双烈》，吴世美作《惊鸿》，王世贞作《鸣凤》，徐叔回作《八义》，祝金粟作《题红》，顾懋仁作《五鼎》，顾懋俭作《椒觞》，汪錂作《春芜》，乔梦符作《金縢》，吕大成作《神镜》，汤宾阳作《玉鱼》，陆江楼作《玉钗》，朱春霖作《牡丹》，杨柔胜作《绿绮》，卢鹤江作《禁烟》，庚生子作《歌风》，两宜居士作《锟铻》，秋阁居士作《夺解》，王桓作《合璧》，鹿阳外史作《双环》，朱鼎作《玉镜台》，吴鹏作《金鱼》，张从怀作《纯孝》，王玉峰作《焚香》，吴大震作《龙剑》，黄惟楫作《龙绡》，心一子作《遇仙》，顾怀琳作《佩印》，朱期作《玉丸》，李玉田作《玉镯》，月榭主人作《钗钏》，杨之炯作《玉杵》，张濑滨作《分钗》，赵心武作《溉园》，邹海门作《觅莲》，汪宗姬作《丹管》，冯之可作《护龙》，沈祚作《指腹》，黄廷章作《白璧》，邱端吾作《合钗》，龙渠翁作《蓝田》，阳初子作《红梨》，太华山人作《合剑》，卢次楩作《想当然》，涵阳子作《策杖》，施君美作《幽闺》，顾景星作《虎媒》，沈孚中作《宰戏》，清人如：吴伟业作《秣陵春》，袁令昭作《西楼》，洪昉思作《长生殿》，释智达作《传灯录》，张世漳作《玉麟记》，吉衣道人作《玉符记》，尤侗作《钧天乐》，苍山子作《广寒香》，雪龛道人作《五伦镜》，陈贞禧作《梅花梦》，孚中道人作《息宰河》，白雪道人作《醉乡记》，石牧作《忠孝福》，他山老人作《阴阳判》，介石逸叟作《宣和谱》，荐清轩作《合扇记》，梦觉道人作《鸳簪合》，蜗寄居士作《英雄报》，吴浞玉作《河阳观》，曹岩作《风前月下》，王介人作《红情言》，朱龙田作《壶中天》，去村作《三生错》，嵇留山作《双报应》，月鉴主人作《月中人》，李本宣作《玉剑缘》，王竖作《拜针楼》，研露老人作《双仙记》，杨国宾作《东厢记》，胜乐道人作《长命缕》，周冰持作《双忠庙》，女道士姜玉洁作《鉴中天》，离幻老人作《添绣鞋》，朱京樊作《风流院》，郑含成作《富贵神仙》，钱唐女史梁夷素作《相思砚》，钱夫人林亚青作《芙蓉峡》。

其人各二种者：明人如：李开先之《宝剑》《断发》，任诞先之《樱桃梦》《灵宝刀》，卜世臣之《乞麾》《冬青》，单槎仙之《蕉帕》《露绶》，戴子晋之《鞯鞲》《青莲》，车任远之《弹铗》《四梦》，陈汝元之《金莲》《紫环》，程文修之《玉香》《望云》，高濂之《节孝》《玉簪》，史考叔之《梦磊》《合纱》，杨夷白之《龙膏》《锦带》，谢天祐之《狐裘》《靖虏》；清人如：史集之之《清风寨》《五羊皮》；毛大可之《放偷》《买嫁》，王香裔之《非非想》《黄金台》，鹰山之《广寒香》《易水歌》，耶溪野老之《香草吟》《载花舻》，可笑人之《珊瑚玦》《元宝媒》，研雪子之《翻西厢》《卖相思》，沈嵊之《绾春园》《息宰河》，徐复祚之《梧桐雨》《一文钱》，张漱石之《玉狮坠》《怀沙记》，崔应堦之《烟花债》《情中幻》，卢见曾之《旗亭》《玉尺楼》。

其人各三种者：明人如：姚静山之《双忠》《金丸》《精忠》；沈练川之《千金》《还带》《四节》，郑若庸之《玉玦》《大节》《绣襦》，屠赤水之《彩毫》《昙花》《修文》，郑之文之《白练裙》《旗亭》《芍药》，胡全庵之《奇货》《三晋》《犀珮》；清人如：马亘生之《梅花楼》《荷花荡》《十锦塘》，刘晋充之《罗衫合》《天马媒》《小桃源》，冯犹龙之《万事足》《风流梦》《新灌园》，陈二白之《双冠诰》《称人心》《彩衣欢》，陈子玉之《三合笑》《玉殿元》《欢喜缘》，朱良卿之《四奇观》《血影石》《一捧花》。

其人各四种者：明人如：邱琼山之《五伦》《投笔》《举鼎》《罗囊》，顾大典之《葛衣》《义乳》《青衫》《风教编》，沈鲸之《双珠》《绞绡》《青琐》《分鞋》，王翊之《红情言》《榴巾怨》《词苑春秋》《博浪沙》；清人如：吴石渠之《画中人》《疗妒羹》《绿牡丹》《西园》，盛际时之《人中龙》《飞龙盖》《胭脂雪》《双虬判》，石恂斋之《两度梅》《锦香亭》《天灯记》《酒家傭》，张异资之《崖州路》《麒麟梦》《鸳鸯梳》《黄金盆》。

其人各五种者：明人如：汤显祖之《紫箫》《紫钗》《还魂》《南柯》《邯郸》，叶宪祖之《金锁》《玉麟》《四艳》《双卿》《鸾鎞》，陆采之《明珠》《南西厢》《怀香记》《椒觞》《分鞋》，阮大铖之《双金榜》《牟尼盒》《忠孝环》《春灯谜》《燕子笺》；清人如：范香令之《花筵赚》《鸳鸯棒》《倩画姻》《勘皮靴》《梦花酣》。

其人各六种者：清人如：薛既扬之《书生愿》《醉月缘》《战荆轲》《芦中人》《昭君梦》《状元旗》，毕万侯之《红芍药》《竹叶舟》《呼卢报》《三报恩》《万人敌》《杜鹃声》；夏惺斋之《花萼吟》《杏花村》《南阳乐》《无瑕璧》《广寒梯》《瑞筶图》，蒋士铨之《香祖楼》《雪中人》《临川梦》《桂林霜》《冬青树》《空谷香》。

其人各七种者：明人如：张凤翼之《红拂》《虎符》《窃符》《㚖㚖》《祝发》《平播》《灌园》；清人如：邱屿雪之《虎囊弹》《党人碑》《百福带》《幻缘箱》《岁寒松》《御袍恩》《闹勾栏》。

其人各八种者：清人如：叶稚斐之《琥珀匙》《女开科》《开口笑》《三击节》《逊国疑》《英雄概》《八翼飞》《人中人》，万树之《风流棒》《空青石》《念八翻》《锦尘帆》《十串珠》《黄金瓮》《金神凤》《资齐鉴》。

其人各九种者：明人如：汪廷讷之《种玉》《狮吼》《天书》《长生》《同升》《三祝》《高士》《二阁》《投桃》；金怀玉之《绣被》《香裘》《妙相》《八更》《望云》《完福》《宝钗》《桃花》《摘星》。

其人各十二种者：清人如：周坦纶之《太白山》《竹漉篱》《八仙图》《火牛阵》《竟西厢》《福星临》《指南车》《绨袍赠》《万金资》《镜中人》《金橙树》《玉鸳鸯》，朱云从之《灵犀镜》《齐案眉》《照胆镜》《人面虎》《石点头》《小蓬莱》《别有天》《龙灯赚》《赤龙须》《儿孙福》《两乘龙》《万寿鼎》。

其人各十四种者：清人如：高奕之《春秋笔》《双奇侠》《貂裘赚》《千金笑》《聚兽牌》《锦中花》《揽香园》《古交情》《四美坊》《眉仙岭》《如意册》《风雪缘》《固哉翁》《续青楼》。

其人各十五种者：清人如：朱素臣之《振三纲》《一着先》《万年觞》《锦衣归》《未央天》《狻猊璧》《忠孝闻》《四圣手》《聚宝盆》《十五贯》《文星现》《龙凤钱》《瑶池宴》《朝阳凤》《全五福》；李渔之《奈何天》

《比目鱼》《蜃中楼》《怜香伴》《风筝误》《慎鸾交》《凤求凰》《巧团圆》《玉搔头》《意中缘》《偷甲记》《四元记》《双钟记》《鱼篮记》《万全记》。

其一人多至十六种者：清人张心期之《如是观》《醉菩提》《海潮音》《钓鱼船》《天下乐》《井中天》《快活三》《金刚凤》《獭镜缘》《芭蕉井》《喜重重》《龙华会》《双节孝》《双福寿》《读书声》《娘子军》。

其一人多至二十一种者：明人沈璟之《桃符》《义侠》《埋剑》《分柑》《十孝》《分钱》《结发》《珠串》《双鱼》《博笑》《四异》《坠钗》《合衫》《奇节》《鸳衾》《凿井》《红渠》《耆英会》《翠屏山》《望湖亭》《一种情》。

其一人而多至三十一种者：清人李元玉之《一捧雪》《人兽关》《永团圆》《占花魁》《麒麟阁》《风云会》《牛头山》《太平钱》《连城璧》《眉山秀》《昊天塔》《三生果》《千忠会》《五高风》《两须眉》《长生像》《风云翘》《禅真会》《双龙珮》《千里舟》《洛阳桥》《虎丘山》《武当山》《清忠谱》《挂玉带》《意中缘》《万里缘》《万民安》《麒麟种》《罗天醮》《秦楼月》。

其余无人名可考，亦无别寓他名，而其曲仍行于世者，以杂剧言：元人有《冯玉兰》《碧桃花》《货郎旦》《看钱奴》《连环计》《抱粧盒》《百花台》《盆儿鬼》《度柳翠》《梧桐叶》《谇范叔》《渔樵记》《马陵道》《清风府》《神奴儿》《小尉迟》《冻苏秦》《硃砂担》《庞居士》《鸳鸯被》《杀狗劝夫》《风魔蒯通》《陈州粜米》《合同文字》《举案齐眉》《冤家债主》《隔江斗智》《三虎下山；明人有《相思谱》《错转轮》；清人有《勘鬼狱》

《瑶池会》《翠微亭》《补天梦》《可破梦》《王维》《裴航》《饮中八仙》《杜牧》。

以传奇言：元人有《伏虎绦》；明人有《王焕》《张叶》《牧羊》《教子》《孤儿》《玉环》《彩楼》《百顺》《鸾钗》《白兔》《跃鲤》《双红》《四景》《寻亲》《金雀》《水浒》《鹔钗》《双孝》《玉佩》《千祥》《罗衫》《麒麟》《异梦》《七国》《黑鲤》《题门》《杀狗》《东郭》《投梭》《金花》《锦囊》《情邮》《瑞玉》《蟠桃》《吐绒》《衣珠》《四豪》《三桂》《花园》《青楼》《砗渠》《红丝》《霞笺》《犀盒》《赤松》《镶环》《绨袍》《箜篌》《东墙》《江流》《鸳簪》《五福》《离魂》《菱花》《金台》《南楼》《卧冰》《节侠》《飞丸》《四贤》《琴心》《运甓》《双红》《目莲救母》；清人有《精忠旗》《麒麟厨》《纲常记》《芝龛记》《铁面图》《北孝烈》《义贞记》《四大痴》《蝴蝶梦》《凤求凰》《纳履记》《丹忠记》《十义记》《赤壁游》《鱼水缘》《蓝桥驿》《饮中仙》《梦中缘》《石榴记》《化人游》《财神济》《双翠园》《翠翘记》《续牡丹亭》《慈悲愿》《芙蓉楼》《千忠禄》《雷峰塔》《典春衣》《烂柯山》《浮邱傲》《落花风》《埋轮亭》《筹边楼》《隋唐》《寿为先》《盘陀山》《十错记》《后渔家乐》《十美图》《闹花灯》《倭袍》《长生乐》《大吉庆》《杜陵花》《清风寨》《陀罗尼》《百福带》《两情合》《螭虎钏》《情中岸》《七才子》《东塔院》《一枝梅》《三奇缘》《百子图》《鸳鸯结》《锦绣旗》《黄鹤楼》《倒铜旗》《燕台筑》《上林春》《瑶池宴》《金兰谊》《逍遥乐》《文星劫》《锦衣归》《合虎符》《蟠桃会》《长生乐》《安天会》《万倍利》《元宝汤》《江天雪》《沉香亭》《花石纲》《四屏山》

《翻浣纱》《平妖传》《西川图》《黎匡雪》《续寻亲》《状元香》《昭君传》《风流烙》《紫金鱼》《赘人龙》《报恩亭》《平顶山》《翻七国》《玉燕钗》《三异缘》《步寒松》《鸾凤钗》《快活仙》《八宝箱》《补天记》《祥麟现》《珍珠塔》《姊妹缘》《奉仙缘》《醉西湖》《三鼎爵》《英雄概》《遍地锦》《双瑞记》《梅花簪》《玉杵记》《后一棒雪》《定天山》《南楼月》《山堂词余》《雄精剑》《还带记》《后西厢》《飞熊兆》《紫琼瑶》《赐绣旗》《齐天乐》《翡翠园》《玉麟符》《粉红栏》《喜联登》《状元旗》《双和合》《三笑姻缘》《碧玉燕》《九曲珠》《四奇观》《后绣襦》《折桂传》《飞熊镜》《白鹤图》《白罗衫》《乾坤镜》《还魂记》《后珠球》《好逑传》《四大庆》《青蛇传》《四安山》《天然福》《摘星楼》《云合奇踪》《万花楼》《醉将军》《描金凤》《吉祥兆》《续千金》《刘成美》《青缸啸》《软蓝桥》《天缘配》《桃花寨》《双错鸯》《沉香带》《鸳鸯幻》《三世修》《文章用》《造化图》《祝家庄》《彩楼记》《风鸾裳》《阴功报》《福凤缘》《观星台》《督亢图》《征东传》《北海记》《三侠剑》《千秋鑑》《千里驹》《双珠凤》《十大快》《鸾钗记》《禅真逸史》《春富贵》《翻天印》《黄河阵》《古城记》《月华缘》《五虎寨》《五福传》《升平乐》《赐锦袍》《百花台》《为善最乐》《双螭璧》《遍地锦》《双姻缘》《闹金钗》《三鼎甲》《鸳鸯被》《天贵图》《锟钢侠》《一疋布》《封神榜》《沧浪亭》《二龙山》《天平山》《河灯赚》《玉麒麟》《通天犀》《碧玉串》《铁弓鞋》《未央天》《二十四孝》《千祥》《佐龙飞》《顺天时》《混元盒》《彩衣堂》《珍珠旗》《元都观》《金花记》《金瓶梅》《后岳传》《合欢庆》《三凤缘》《太平钱》

《合欢图》《鸳鸯孩》《开口笑》。

二、弹词

弹词似小说而又近传奇之变态。其势力在下流社会，实比小说——一般通俗小说尤大。其巨秩如《天雨花》《再生缘》《凤双飞》等。弹词最初本为《玉钏缘》，清嘉庆时有刊本；想或创始于此时；然吾未研究，不敢武断。此类书有《天雨花》《再生缘》《凤双飞》《三笑因缘》《倭袍》《大红袍》《白蛇传》《孟姜女》《梁山伯》《玉蜻蜓》《笔生花》《来生福》《描金凤》《落绣鞋》《玉连环》《双珠凤》《珍珠塔》《火烧百花台》《再造天》《凤凰山》等书。民国以来，新作亦不多见，仅陈蝶仙之《潇湘影》《自由女》，王钝根之《雪慧娘》，李东垄之《孤鸿影》，包醒独之《凤随鸦》，张丹斧之《女拆白党》，胡怀琛之《铁血美人》等。

弹词虽不是纯正之章回小说，然其在一般社会潜势力之大，实令人咋舌；妇孺老妪，牧童佃夫，虽不识字，而于新粟登场之后，豆棚瓜架之下，津津谈野史轶事，满口胡诌，其所谈所本，无一不出于弹词。然所流行之旧有弹词，其所记大半是荡子淫娃之苟合，所谓前楼送花，后园赠珠，衣锦归来，妻妾团圆。其思想之卑陋，文词之恶劣，令人脑晕心呕，只合酒肆茶寮，裸裎高踞，酒一杯，茶半壶，信口开河，旁若无人者所适用也。但吾人苟欲作小说运动，非用下等小说来改造一般人的脑筋不可；欲用下等小说来当利器，还不如改造弹词，容易使一般人欢迎。